Bydd
WYCH!

Bydd WYCH!

LLYFR POCED PETHAU PWYSIG

DAVID MEREDITH

bwthyn

GWASG Y BWTHYN

ISBN: 978-1-912173-46-4

Cyhoeddwyd gyda chymorth
ariannol Cyngor Llyfrau Cymru

Dylunio: Olwen Fowler
Lluniau: iClipart, iStock

Cyhoeddwyd gan
Gwasg y Bwthyn, Caernarfon
gwasgybwthyn@btconnect.com
www.gwasgybwthyn.cymru
01286 672018

Cyflwynedig i'r teulu

Rhagair

Annwyl ddarllenydd hoff,

Mae'n anodd gwneud dim mewn cymdeithas heb gysylltu â phobl eraill yn adeiladol.

Wedi bod yn llefarydd ar ran croesdoriad o gwmnïau dros y blynyddoedd – cwmnïau teledu, banciau a sefydliadau cenedlaethol – dwi'n gobeithio y bydd y cynghorion oddi mewn i gloriau'r llyfr bach hwn yn gymorth i chi fwrw'r maen i'r wal. Gallwch wynebu problemau yn ffyddiog, herio pob sefyllfa anodd a chadw'n gall!

Bu fy mhrofiadau gyda phobl yn amrywiol – yng Nghymru, ym Mhrydain a thramor, gan gynnwys

Ffrainc, Rwsia, Tsieina a'r Unol Daleithiau. Fe'm taflwyd i aml i bwll dwfn gyda'r cyfarwyddyd i nofio!

Bu rhai sefyllfaoedd yn gymhleth i'w trin, ond diolch byth, pobl ydi pobl ar bum cyfandir!

Gobeithio y cewch fwynhad o'r geiriau sy'n dilyn. Mae rhai pwyntiau yn ddwys, rhai yn ysgafn, ond mae pob un ohonynt yn deillio o brofiadau amrywiol bywyd, gyda rhai yn deillio o sefyllfaoedd rhyfeddach na rhyfedd!

Byddwch wych!

David Meredith

Sialens

yw drws

wedi ei gau

nid rhwystr

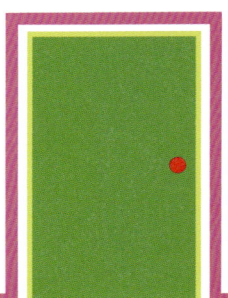

Ni ddylai'r gair fodoli yn eich geirfa!

Defnyddiwch synnwyr cyffredin ar **bob** achlysur

Fedr neb weithredu

yn gall nac yn greadigol

mewn **stad o ofn**

Pobl yn gweithredu mewn

ofn yw un o broblemau mawr

y ddynoliaeth heddiw

Gall gwybodaeth a

pherthynas dda rhwng pobl

helpu i goncro ofn

Mae'n well i chi ymddangos yn dwp na gwneud i rywun arall deimlo'n dwp

Wrth wneud cwyn,
e.e. yn erbyn cwmni,
mynnwch siarad â'r bòs

Mae gan bob cwmni
gadeirydd neu
brif weithredwr

Peidiwch â mynd
i gors anobaith
drwy siarad â Twm,
Dic, Jên neu Harri

Mae pawb
yn bwysig

Wrth baratoi ar gyfer cyflwyniad neu ddigwyddiad cyhoeddus, byddwch yn gadarn o ran eich trefniadau ac o ran y manylion. Peidiwch â boddi ynddynt ond paratowch yn drylwyr bob amser

Meddyliwch
y gorau,
nid y gwaethaf,
ond byddwch
yn wyliadwrus 👀

Ewch yn **wirion** weithiau!

Byddwch yn wahanol weithiau

Gweithredwch eich cynlluniau mwyaf bananas weithiau!

Ewch am y gorau, y mwyaf mentrus

Breuddwydiwch freuddwydion gwych!

Ar lwybr

bywyd,

byddwch yn

cyfarfod

cythreuliaid

Y gamp fydd

eu hadnabod!

Mae
GWYLLTIO'N
rhywbeth greddfol,

ond
rheolwch eich
gwylltineb yn llym

Sianelwch y grym
yma er gwell

Fel y dywed y gân,
'Arafa dy gam,
A mwffla dy reg'

Siaradwch â phawb

Peidiwch byth ag anwybyddu unrhyw un

Ewch
i ben y
mynydd...

Peidiwch â thin-droi yn y dyffryn

Anelwch am y copa bob amser

**Mae gan
syniad da
draed**

Gall deithio ymhell!

**Os gwelwch eliffant
ar stepen eich drws,
byddwch yn garedig wrtho**

**Cofiwch eu
bod yn cofio
popeth!**

Peidiwch byth â rhegi ar
y ffôn neu mewn e-bost

Mae rhegi ar lafar
neu mewn ysgrifen yn
gwylltio gwrandäwr
neu ddarllenydd ac yn
gwanhau eich dadl

pwyllwch...

ystyriwch...

meddyliwch...

...cyn siarad

Byddwch yn **styfnig** a **phenderfynol** dros eich **achos** neu'ch **ymgyrch**

Byddwch yn

gwrtais

yn eich
styfnigrwydd

Mae eich nerth chi
yn dibynnu ar
nerth pobl eraill

Mewn undod mae nerth

Byddwch yn
deg wrth
blant a phobl

Drwy deg
y dôn
nhw!

Gofalwch fod gam ar y blaen yn wastadol

Gweithiwch yn galed i greu atgofion

gallant

fod

yn arf

pwerus

iawn

Peidiwch â bod
ofn ysbrydion
rhithiol - dim
ond y rhai y
gallwch eu
cyffwrdd!

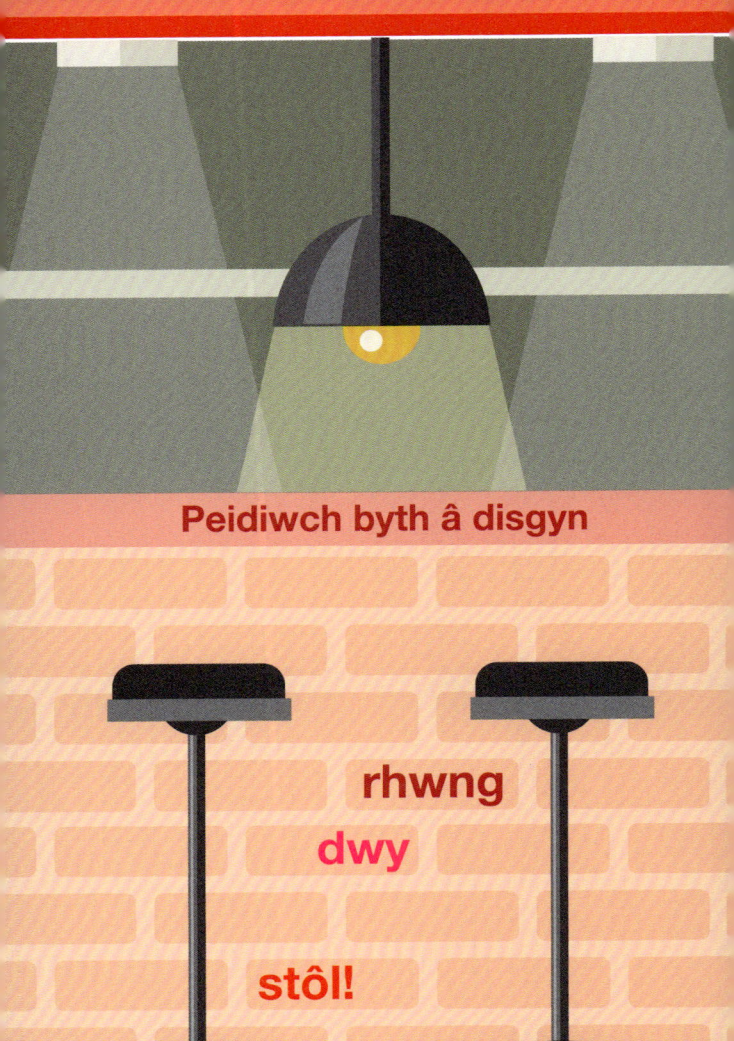

Peidiwch byth â disgyn

rhwng

dwy

stôl!

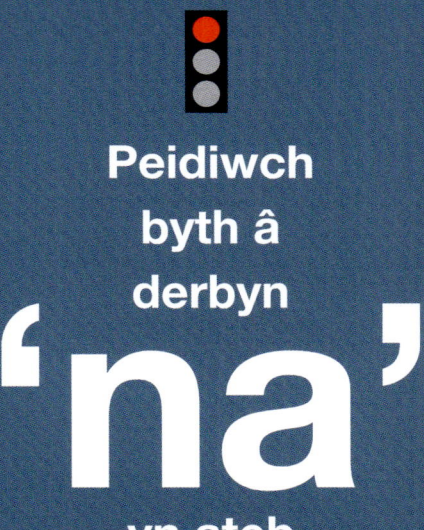

Peidiwch
byth â
derbyn

'na'

yn ateb

Dechrau'r daith
yw 'na',
nid y diwedd

**Paratowch
bob amser
am y gwaethaf**

ond

llawenhewch

pan

ddaw'r

gorau!

Mae mistar ar Mistar Mostyn!

Wrth geisio datrys ffrae neu gythrwbl,

Ambell waith gall caredigrwydd wneud y tric,

Neu cofiwch am rym paned o de a banana!

Wrth siarad yn gyhoeddus, gofalwch **anrhydeddu** eich cynulleidfa bob amser

Gofalwch bregethu **gobaith**

Gofalwch **ysbrydoli** eraill

Byddwch yn **gadarnhaol**

Byddwch yn ofalus gyda'ch arian

Ac os ydych chi'n gweithio i gwmni,
byddwch yn ofalus iawn, iawn gyda'u harian nhw

Gwariwch fel petaech chi'n
gwario'ch arian chi eich hun

Meddyliwch, ystyriwch cyn gwario

PEIDIWCH Â
GADAEL DIM
I FFAWD

GALL
FFAWD
EICH
FFWNDRO!

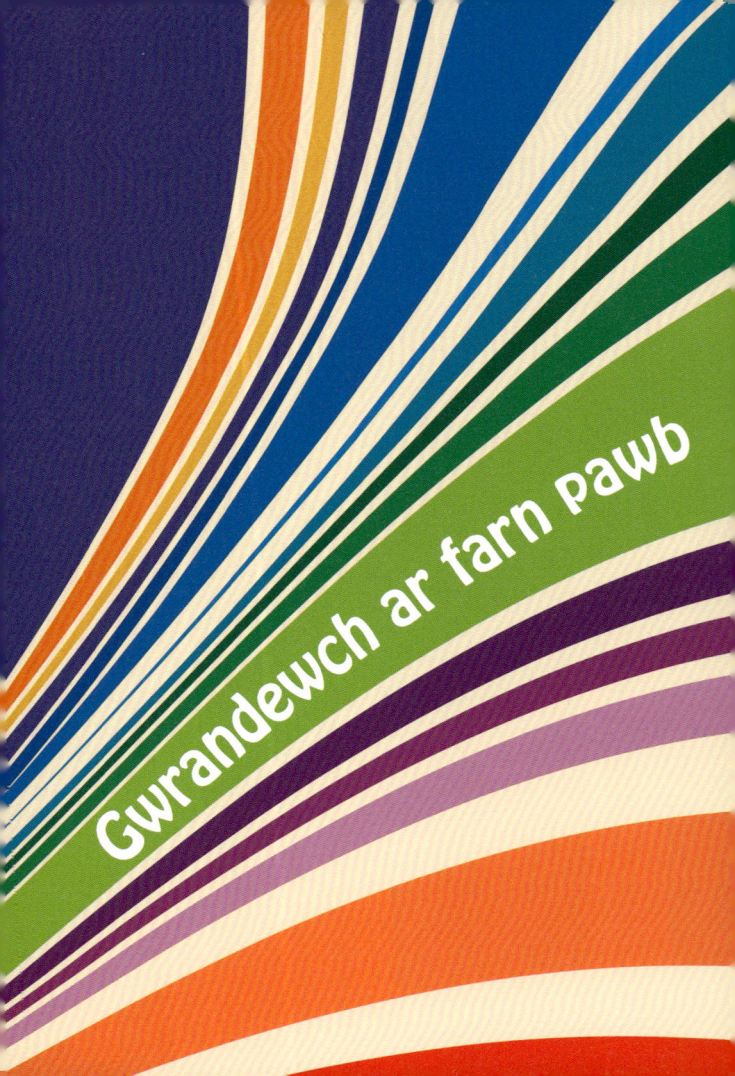

Gwrandewch ar farn pawb

Diolchiadau

Diolch i Marred Glynn Jones am ei chymorth caredig a'i chrebwyll golygyddol goleuedig, ac i Wasg y Bwthyn am gyhoeddi'r llyfr poced hwn.

Diolch i'r dylunydd Olwen Fowler am sicrhau bod y llyfr wedi ei ddylunio'n ddeniadol a phwrpasol.

Diolch i Evan Dobson am ei gymorth dechreuol yn dehongli fy ysgrifen ddestlus, ac i'm cyfaill John Manzini am ysbrydoliaeth gyda'i agwedd wastadol gadarnhaol.

Mae'n bleser, hefyd, cael diolch i Gruffydd Meredith am ddal ati gyda'i ymgyrch i'm cael i gychwyn a gorffen y llyfr hwn. Mor wir yw'r hen ddihareb, 'Gwth o oedran fyn bob anogaeth'.

Rwyf yn ddyledus hefyd i Gwynfor Jones-Williams am ei hwb ffyddiog amserol i'r llyfr.